L'UNION DES CULTIVATEURS

POUR OBTENIR

LA DIMINUTION DES IMPOTS

ET

Nommer des Représentants

du Peuple intéressés à améliorer le sort

des habitants des campagnes,

PAR

EUGÈNE GROLLIER,

Agriculteur à Sabouraux, canton de Couché-Vérac (Vienne), près Chaunay.

—

PRIX : 25 CENTIMES.

—

PARIS,

IMPRIMERIE ET LIBRAIRIE CENTRALES DE NAPOLÉON CHAIX ET Cie,

Rue Bergère, 8, près le boulevart Montmartre.

—

1849

AVANT-PROPOS.

Nous comprenons sous le titre d'habitants des campagnes, non-seulement les villageois, mais encore les citoyens des petites villes qui comptent moins de trois mille âmes, et qui sont peuplées de citoyens qui exploitent des terres, d'ouvriers et de marchands, que les cultivateurs font vivre. Il est évident que les habitants de ces petites villes ont intérêt à ce que le blé et les bestiaux aient un cours raisonnable; car dans ce cas les agriculteurs font plus de dépense dans les auberges et dans les cafés, ils fréquentent davantage les boutiques des marchands de draps, des épiciers, des quincailliers; ils achètent aux industriels et aux autres ouvriers mille objets dont ils se privent lorsque le blé ne vaut que 13 ou 14 fr. l'hectolitre. Ils usent des souliers lorsque leurs denrées se vendent bien, tandis qu'ils portent des sabots lorsqu'elles sont à vil prix. Les citoyens des petites villes doivent donc faire cause commune avec nous, parce que si nous améliorons notre position, la leur deviendra aussi plus avantageuse.

Ajoutons également que nous n'avons point l'intention de créer de nouveaux embarras à la République. Puisqu'elle est établie, conservons-la; nous désirons seulement qu'elle nous traite avec plus d'équité.

L'UNION DES CULTIVATEURS.

Habitants des Campagnes,

Quel que soit le mérite d'un agriculteur, quelle que soitl'importance de ses découvertes ou l'étendue de ses malheurs, jamais il ne peut obtenir le moindre secours du gouvernement, tandis que le peuple de Paris reçoit des gratifications immenses !

Cependant le salaire des ouvriers de la capitale s'élève en moyenne de 4 à 6 fr. par jour, tandis qu'un misérable cultivateur gagne à peine 75 centimes.

Notre rôle à nous, campagnards, est de payer sans cesse le percepteur, sans jamais recevoir de l'Etat le plus faible soulagement. Ncus sommes comme les abeilles auxquelles on ravit tous les ans le fruit de leur travail, sans que ceux qui les dépouillent s'occupent du moins, en retour, d'entretenir des fleurs dans leur voisinage, afin d'alimenter leur industrie.

Il n'est pas juste que tant de charges soient supportées par les habitants des campagnes, tandis que tous les bénéfices sont recueillis par les citoyens des grandes villes. Les enfants de la patrie devraient avoir une part égale dans ses bienfaits. Voyons donc de quelle manière ils ont été répartis cette année.

D'après la déclaration de M. Goudchaux, ex-ministre des finances, le gouvernement provisoire et la commission exécutive ont dépensé pour intérêts populaires, l'un 35 millions et l'autre 24, dans lequel le peuple des campagnes n'a eu aucune part.

La République a prêté 5 millions aux entrepreneurs de bâtiments, et 3 millions ont été votés pour favoriser les associations entre ouvriers.

Puis on a accordé un secours de 500,000 fr. aux comédiens de Paris, et l'on a fait présent de 250,000 fr. aux artistes et aux gens de lettres.

Le 1er septembre 1848, un crédit de 600,000 fr. a été ouvert à M. le ministre du commerce pour concourir à la reprise du travail dans l'industrie des meubles et des bronzes.

Enfin, M. le ministre de l'intérieur a encore obtenu 300,000 fr. pour les condamnés politiques sous la monarchie, et un nouveau crédit d'un million lui a été alloué pour secours extraordinaires aux citoyens du département de la Seine. ▬▬▬▬ M. Louis Bonaparte, président de la République, lui-même, a préféré se montrer généreux envers le peuple de Paris qu'à l'égard des malheureux campagnards, qui ont si puissamment contribué à l'élever aux hautes fonctions qu'il exerce, puisqu'il a donné au commencement de l'hiver 50,000 fr. pour coopérer à l'amélioration du logement de la classe ouvrière de la capitale.

Toutes ces sommes, qui s'élèvent à 68 millions, ont été consacrées à améliorer le sort du peuple des villes, tandis que le peuple des campagnes n'a reçu aucun secours; il a, au contraire, été surchargé de l'impôt des 45 centimes.

Après avoir énuméré les libéralités dont on a comblé les habitants de la capitale, exposons la parcimonie dont on use lorsqu'il s'agit de destiner quelques mille francs à encourager une entreprise agricole.

Si le chef d'une exploitation rurale demande au gouvernement des secours pour donner à un établissement utile un développement convenable, pour faire construire des fours à chaux ou mettre des terres incultes en rapport : on ne prend en considération ni les médailles dont le comice agricole de son département a honoré les travaux du pétitionnaire, ni les excellents renseignements que les inspecteurs d'agriculture ont donnés sur sa manière de cultiver. M. le ministre lui répond que sa demande est exorbitante; que le gouvernement ne donne ni ne prête d'argent pour aucune entreprise de ce genre, qu'il n'en accorde qn'aux soc`étés ou comices agricoles.

Ainsi, on refuse tout net aux cultivateurs ce que l'on accorde avec empressement aux entrepreneurs de bâtiments, aux ouvriers citadins, aux comédiens, aux artistes et aux gens de lettres.

C'est-à-dire qu'il n'y a que pour les agriculteurs que les coffres du Trésor public restent fermés. Car de quelle importance sont les encouragements que distribuent les comices agricoles ? Ce sont : 1° des primes de 30 à 40 fr. ; 2° des médailles dont la valeur intrinsèque excède rarement 10 francs. Ces mesquines récompenses sont peu capables d'augmenter le zèle et le bien-être des cultivateurs découragés. C'est cependant de cette manière que le million voté pour encouragement à l'agriculture est infructueusement dépensé.

Le militaire qui rentre dans ses foyers avec une retraite a certainement mérité cette faveur, parce qu'il a exposé sa vie ; mais l'agriculteur, qui expose sa fortune, n'a-t-il pas aussi droit à quelques égards ? Car l'homme de génie, en agriculture comme dans les autres carrières, ne spécule pas ; s'il croit entrevoir un résultat qui doit être un jour très-profitable à l'art qu'il exerce, il marche vers ce but sans compter ce que l'expérience qu'il poursuit lui coûte, et il se trouve ainsi souvent victime de son zèle. C'est pourquoi nous soutenons que le gouvernement devrait venir au secours de ces hommes trop désintéressés, qui sont fort utiles.

Il n'est pas juste que nos travaux soient les seuls qu'on ne récompense dans aucun cas.

Il n'est pas juste que notre misère soit la seule que l'on persiste à méconnaître et que l'on refuse de soulager. Les habitants des campagnes sont les citoyens les plus malheureux ; ils mènent l'existence la plus pénible. La preuve de ce que nous avançons résulte de la tendance qu'a le peuple des campagnes à émigrer dans les grandes villes ; et si l'on observe que lorsqu'un campagnard a mis le pied dans les grandes cités, il ne retourne plus à la charrue, on devra en conclure que l'émigré trouve le séjour de la ville plus avantageux que celui des champs.

Cependant, personne ne plaint l'agriculteur, parce qu'en voyant une pièce couverte d'une belle récolte, il ne vient jamais à l'esprit de ceux qui sont étrangers à l'art agricole que cette récolte a plus coûté à celui qui doit la recueillir qu'elle ne lui rapportera : c'est pourtant ce qui nous arrive souvent.

On ne s'imagine pas, à Paris, toutes les privations que nous nous imposons et tous les efforts que nous faisons pour parvenir à payer nos ouvriers et nos impôts.

Tâchons donc de découvrir d'où viennent nos maux, afin de voir s'il n'y aurait pas moyen de leur apporter quelque remède.

Sur 35 millions de citoyens qui peuplent la France, nous sommes 24 millions d'agriculteurs, c'est-à-dire que nous composons plus des deux tiers de la population; or, pour que nous fussions convenablement représentés à l'Assemblée nat onale, il fallait que sur 900 représentants que la nation entière a envoyés à la chambre, il y en eût 600 qui fussent sortis des rangs de la classe agricole, tandis que le nombre des députés instruits en agriculture est infiniment petit.

Il n'est donc pas étonnant que l'on se soit si peu occupé d'améliorer le sort du peuple des campagnes, puisqu'au lieu de nommer représentants des hommes versés en agriculture, sachant nos besoins, ainsi que les moyens d'alléger les charges qui pèsent si lourdement sur nous tous habitan's des campagnes, nous avons en général envoyé à l'Assemblée nationale des hommes qui nous étaient inconnus, des personnages de grandes villes, qui ignorent complétement nos souffrances et les moyens de les soulager.

C'est à cet endroit qu'il faut appliquer le remède pour guérir toutes les plaies qui nous rongent. Évitons surtout de nous laisser gouverner par des hommes intéressés à rejeter toutes les charges de l'État sur nous, et à nous empêcher de retirer un prix convenable de nos récoltes; car le peuple des campagnes et celui des grandes villes ont souvent des intérêts différents.

En effet, les cultivateurs ont besoin de retirer un prix raisonnable de leurs bestiaux et de leurs denrées, pour acquitter leurs impôts et tous les frais de leurs exploitations, tandis que le peuple de Paris ne cesse de s'agiter pour obtenir que le bœuf, le mouton, et les autres animaux propres à la boucherie, le vin, l'eau-de-vie, la laine, et généralement tous les produits du sol, descendent au plus bas prix. Dans ce but, il s'est depuis plusieurs années organisé dans la capitale une société sous le nom du libre échange. Eh bien, cette société agit sur l'esprit des hommes qui nous gouvernent, pour obtenir qu'on laisse entrer dans nos ports, sans payer de droits, tous les produits agricoles des régions plus ferti'es que la France.

L'adoption de cette proposition suffirait pour nous ruiner promptement.

Il ne faut pas que le froment atteigne un prix trop élevé; nous vou'ons qu'il reste dans des limites où tout le monde puisse facilement l'acheter.

Mais si, par suite de la suppression des droits de douane, il venait à tomber à 8 ou 9 fr. le sac, c'est-à-dire l'hectolitre, nous serions alors obligés de mettre au feu nos charrues.

Sous le gouvernement déchu, les bœufs étrangers qu'on introduisait en France étaient soumis à une taxe de 55 fr. par tête, ce qui n'empêchait pas la Suisse et l'Italie de nous en fournir chaque année pour près de 2 millions de francs. Si l'on abolit le droit de douane dont nous venons de parler, ce sera véritablement 110 fr. par paire de bœufs que perdront les nourrisseurs français, et que gagneront les nourrisseurs des pays voisins. Et comme nous avions précédemment peine à soutenir la concurrence, nous serons désormais obligés de renoncer à l'élèvement et à l'engraissement de la race bovine.

Que deviendront alors les habitants des contrées de la France qui n'ont pas d'autre industrie? L'approvisionnement de Paris sera fait par les étrangers, qui emporteront notre numéraire.

Puisque les habitants des campagnes et ceux des grandes villes n'ont pas toujours les mêmes intérêts, notre premier soin doit être d'éviter de charger ces derniers de la confection de nos lois, et d'aviser au moyen d'envoyer à l'Assemblée nationale le plus grand nombre possible d'agriculteurs.

Il ne manque pas d'hommes éclairés qui habitent les campagnes, et qui sont capables de siéger avec honneur à l'Assemblée nationale.

Depuis l'établissement de la République, l'Assemblée législative seule fait les lois et les règlements de haute importance ; d'où il suit que si la majorité de cette Assemblée était composée d'hommes intéressés à faire prospérer l'agriculture, ils pourraient diminuer nos impôts et rendre des décrets qui amélioreraient considérablement notre situation.

Aujourd'hui, par exemple, que les capitalistes ont une grande influence à l'Assemblée nationale, ils rejettent toutes les mesures qui tendent à nous procurer de l'argent à un taux peu élevé. Voilà comment la loi sur les créances hypothécaires a échoué.

Ces messieurs veulent continuer l'état d'usuriers qui enrichit quelques centaines de financiers et ruine une industrie composée de 24 millions de citoyens ; il est temps que nous mettions un terme à ces abus.

D. Nous serait-il possible d'obtenir une majorité considérable dans l'Assemblée nationale que la France va élire ?

R. Nous le pouvons, car les statistiques nous apprennent que nous sommes huit campagnards contre un habitant des villes.

Il ne faut pas se dissimuler qu'il sera très-difficile de déterminer les habitants de toutes les communes d'un département à adopter la même liste portant les noms des huit ou dix mêmes candidats.

Mais notre intérêt à tous campagnards nous commande de le le faire, de ne pas nous préoccuper de futiles susceptibilités, et de n'avoir qu'un but, celui de voter avec accord et ensemble.

Examinons les fautes que nous avons commises jusqu'ici,

lorsqu'alors s'est agi de nommer des représentants du peuple, afin d'éviter d'y retomber à l'avenir.

En temps d'élections, nous agissons isolément et sans ensemble : aussi nous sommes battus en détail, lorsque nous devrions remporter la victoire. Chaque canton s'attache à quelques noms. Pourquoi, se dit-on, nommerions-nous plutôt les candidats que nous présente tel canton, que les habitants de ce canton ne nom-didats que nous leur présentons nous-mêmes ?

Partout on fait ce faux raisonnement ; puis une sorte d'apathie se joint à cette funeste susceptibilité, et c'est à qui ne prendra pas l'initiative.

Tandis que les habitants des campagnes s'entêtent de la sorte, les citoyens des grandes villes s'assemblent, et chaque parti prend ses mesures, afin que tous ses adhérents votent pour les mêmes personnes. Ils déploient la plus grande activité, pendant que les campagnes restent avec insouciance dans l'inaction.

Cependant, le jour des élections approche, des bulletins arrivent de Paris et d'un chef-lieu des départements, sur lesquels sont inscrits les noms de candidats habitant les grandes villes.

Nous copions machinalement la plupart de ces noms, parce que nous avons eu la maladresse de ne pas adopter à l'avance une liste commune, où nous n'aurions écrit que des noms d'hommes recommandables, pris parmi les citoyens les plus éclairés qui s'occupent ou se sont occupés d'agriculture dans notre département.

Ceux qui sont élus représentants du peuple sont ordinairement les candidats de grandes villes, dont nous avons trouvé les noms sur les listes qui nous ont été envoyées de Paris ou du chef-lieu de notre département, et que nous avons transcrits sur nos bulletins de vote. Les suffrages que nous leur avons donnés ont déterminé ce résultat.

Voilà comment nous composons la majorité de l'Assemblée législative de représentants qui ne connaissent pas nos besoins ni les moyens d'améliorer notre état matériel.

Notre apathie, notre insouciance, attirent donc sur nos têtes toutes sortes de calamités. Ainsi il est de la plus haute importance que nous déployions à l'occasion des prochaines élections plus d'activité que par le passé. Faisons tous nos efforts pour nous entendre, afin de voter comme un seul homme.

Formons une puissante union, sous la protection de laquelle l'industrie agricole brise les innombrables entraves qui la rendent aujourd'hui la plus discréditée des carrières, tandis qu'elle deviendra la plus lucrative et la plus recherchée, si nous pouvons parvenir à faire sortir de l'urne électorale une assemblée législative qui nous procure enfin les avantages qui nous sont devenus indispensables, et que nous réclamons en vain depuis si longtemps.

SYSTÈME QUE NOUS PROPOSONS.

Lorsqu'il faudra renouveler l'Assemblée législative, un dimanche au sortir de la messe, les habitants des communes rurales nommeront des délégués qui se réuniront à un jour désigné au chef-lieu de leur canton ; là ils éliront un correspondant du comité supérieur qui sera un peu plus tard institué à Paris.

Les correspondants du comité supérieur se rendront au chef-lieu de leur département le huitième jour qui suivra leur nomination ; cette réunion prendra alors le nom d'assemblée départementale ; elle fera le choix définitif des candidats qui devront être nommés représentants.

Comme les agriculteurs forment les deux tiers de la population de la France, l'Assemblée ne devra pas oublier que sa principale mission consistera à prendre les deux tiers des candidats qui devront entrer dans la liste définitive, parmi les hommes les plus éclairés qui habitent la campagne, et ont intérêt à relever l'agriculture de la déplorable situation où elle est tombée.

L'assemblée enverra dans chaque commune copie de la liste définitive des candidats qui aura été adoptée. Cette liste sera affichée dans les bourgs, et il faudra que les noms qu'elle contiendra soient ceux que les électeurs de la commune déposeront dans l'urne. La confection de cette liste de candidats, qui doit être adoptée de confiance, et sans exception d'aucuns noms, par tous les campagnards, est le but pour lequel nous proposons à ces derniers de s'entendre, de se concerter entre eux, et de former ainsi une sorte d'union, d'association avec les membres de l'assemblée départementale qu'ils auront nommés.

De cette manière, nous serons sûrs que les votes des habitants des campagnes porteront les mêmes noms ; que, par conséquent, nos voix ne s'égareront pas sur des candidats qui n'auraient aucune chance d'être élus, ou que nous n'aurions pas intérêt à nommer.

Cet accord, cette unanimité, nous rendront tout-puissants le jour des élections, et il sortira infailliblement par ce moyen, de la plus grande partie des urnes électorales, des représentants du peuple instruits de nos besoins, INTÉRESSÉS A DIMINUER NOS ɪᴍᴘoᴛs et à voter des lois propres à soulager les cultivateurs si malheureux, et auxquels tous les gouvernements qui se succèdent promettent beaucoup et n'accordent jamais rien;

Il reste donc démontré que si le peuple des campagnes veut sortir pendant quelques jours de son apathie ordinaire, il peut facilement obtenir, dans l'Assemblée législative, une majorité intéressée à améliorer sa situation;

Cette majorité s'opposerait à ce que, sans urgence, le gouvernement laissât entrer dans nos ports, sans payer de droits, les denrées et les bestiaux étrangers. Elle presserait les ministres de conclure des traités de commerce favorables à l'exportation de nos produits agricoles et de nos bestiaux, par exemple de nos vins, de nos eaux-de-vie, de nos mulets et de nos laines.

Enfin, elle s'occuperait activement de nous doter d'une banque agricole, où nous puiserions de l'argent à un intérêt peu élevé; dans cette vue elle pourrait reprendre le projet des bons hypothécaires repoussé par l'Assemblée nationale de 1848. Sans exiger que les bons eussent un cours forcé, ils pourraient rendre d'importants services à l'agriculture.

Organisation du comité supérieur.

Lorsque les membres de l'assemblée départementale seront réunis pour former la liste définitive des candidats qui devront être élus représentants, avant de se séparer ils nommeront un membre du comité supérieur d'agriculture.

Tous les membres du comité supérieur se réuniront à Paris le huitième jour qui suivra celui de l'ouverture de l'assemblée législative ; ils nommeront un président et composeront le bureau.

Ce comité se trouvera donc, de suite, composé de quatre-vingt-six membres; néanmoins il invitera messieurs les représentants du peuple à lui prêter leur concours ; les autres citoyens qui voudront faire partie de ce comité adresseront leur demande au président, et ils pourront être admis après avoir subi l'épreuve d'un scrutin.

Le comité supérieur ainsi constitué aura pour mission de rechercher les moyens d'améliorer l'état matériel des habitants des campagnes, et de provoquer des mesures propres à rendre l'agriculture une carrière plus lucrative, de réduire les dépenses publiques afin de diminuer les impôts, d'élaborer tous les projets qui lui sembleront susceptibles d'augmenter la richesse des cultivateurs; puis il les présentera à l'Assemblée législative et il les soutiendra pour les faire convertir en loi.

Le président du comité supérieur convoquera deux fois par an les assemblées départementales, afin de faire rechercher par toute la France les moyens d'augmenter la production du sol.

Les rapports de ces assemblées départementales seront envoyés au comité supérieur, qui les examinera avec soin, et en extraira ce qui méritera d'être communiqué à l'Assemblée législative.

9 782019 266486